JEU

GÉOGRAPHIQUE ET STRATÉGIQUE

PAR

Le Gal L. MIEROSLAWSKI

Professeur d'Histoire et de Géographie pour les candidats
aux écoles du gouvernement.

BUREAU CENTRAL A PARIS

17, PLACE ROYALE

1857

A la Librairie militaire de M. J. Dumaine,

RUE ET PASSAGE DAUPHINE.

ENSEIGNEMENT GRATUIT DU JEU

et Explication des procédés cartographiques.

JEU STRATÉGIQUE.

Ce jeu, qui a quelques rares points de ressemblance avec *les Dames* et *les Echecs*, consiste dans l'application des principes élémentaires de la stratégie à toute carte géographique.

Au moyen de certaines modifications de tracé qui sans rien changer d'essentiel à la réalité géographique, divisent les pays en figures régulières, et de mouvements conventionnels qui fixent les règles du jeu, l'on parvient à traduire avec une fidélité et une précision extrêmes toutes les combinaisons et tous les accidents possibles de la guerre.

Supérieur par son intérêt et la variété infinie de ses combinaisons à toutes les distractions de la même espèce, ce jeu est en outre une excellente et facile mnémotechnie pour l'étude réunie de la géographie militaire et des grandes opérations stratégiques, sciences dont une connaissance superficielle au moins est si indispensable aujourd'hui à tous les hommes publics, et auxquelles cependant ceux-ci ne peuvent se livrer d'une manière régulière et plus laborieuse.

C'est le pendant d'un jeu tactique applicable aux plans topographiques, publié par le même auteur à Berlin, en 1847, chez l'éditeur Bothe, sous le titre d'*Echecs polonais*, et qui s'est rapidement répandu dans les pays de l'Est de l'Europe, où l'étude avouée de l'art militaire est ombrageusement défendue et interdite.

I.

Explication du tableau.

Etant donnée pour théâtre de la guerre une surface géographique quelconque partagée en deux pays adverses, on la divise toute entière en triangles équilatéraux, ayant soin de faire correspondre à peu près les sommets de ces triangles, avec les lieux auxquels l'on veut attacher une importance militaire.

Ces sommets se marquent en trois couleurs différentes, selon leur rang d'importance; par exemple en noir, les points sur lesquels peut se placer une armée entière; en rouge, les points sur lesquels peuvent se placer à la fois quatre divisions; en bleu, les points sur lesquels on ne peut placer qu'une seule division.

Les lignes ou étapes, tracées suivant les côtés de ces triangles se marquent également en trois

---

) Bien entendu que ce procédé de distinction pour les points et lignes de trois rangs différents est facultatif. L'on peut par exemple substituer la forme aux couleurs, et marquer les points et les lignes de premier rang par un triple tracé, ceux de deuxième rang par un double, et ceux de troisième rang par un simple tracé.

couleurs, pareilles à celles des points auxquels elles aboutissent. Ainsi les lignes ou étapes que peuvent traverser des armées entières se tracent en noir; les lignes que peuvent traverser quatre divisions réunies se tracent en rouge; les lignes que ne peut traverser en une seule fois qu'une seule division se tracent en bleu. *)

Dans cette classification en trois rang des stations et des étapes stratégiques, l'on prend pour mesure l'importance statistique des lieux et l'importance géographique des routes que figurent approximativement ces trois sortes de points et de lignes.

Ainsi, toutes les capitales, chef-lieux de provinces, places fortes et autres centres remarquables de population, s'indiquent par un point de premier rang; tous les endroits peu fréquentés, peu abordables, peu habités, par des points de troisième rang; les lieux d'une importance moyenne, par des points de second rang. Les lieux déserts ou inabordables ne s'indiquent pas du tout.

De même, les grandes et faciles voies de communication s'expriment par des lignes de premier rang; les chemins secondaires par des lignes de second rang, et les communications difficiles, telles que passages de fleuves, de montagnes, de marais, par des lignes de troisième rang.

Chacun des deux pays servant de domaines primitifs aux deux armées belligérantes, se partage en un certain nombre de provinces militaires coloriées

---

*) Ou tout autrement.

4

d'une manière tranchée et dont les chef-lieux se désignent à l'aide d'un anneau argenté. *) Pour faire ce partage, il faut combiner les démarcations établies dans la réalité avec les raisons militaires par lesquelles on veut modifier ces dernières.

Ensuite l'on marque avec un anneau doré la capitale de chacun des deux pays en modifiant également la réalité géographique, par l'importance militaire que l'on veut attribuer à ces capitales, considérées comme points objectifs réciproques des deux armées. Ainsi par exemple dans le tableau Nro. 1, nous laissons la capitale militaire des coalisés à Vienne, mais nous transportons celle des Hongrois de Pesth à Arad, parce que l'expérience a démontré que pour dompter définitivement la Hongrie, il faut pénétrer avec ses masses et ses succès jusque dans cette région.

Considérant en outre que les capitales militaires ont une puissance environnante qui reste indépendante de la province où elles sont situées, on trace autour de chacune d'elles un cercle qui comprend les points et lignes à une étape de distance.

Ce cercle constitue une province à part avec la capitale pour chef-lieu.

De toutes les places fortes l'on fait deux catégories suivant leur importance, et l'on marque celles de premier rang d'une étoile dorée, celles de second rang d'une étoile argentée. *) Pour cela comme pour tout le reste, on modifie la réalité géogra-

---

*) Ou tout autrement.

phique par les intentions et les nécessités particulières du jeu, le nombre et l'importance des forteresses.

Ces divers tracés trouvent dans le jeu les applications suivantes :

Les points et les lignes de trois rangs différents, en leur qualité de stations et d'étapes stratégiques, servent à régler le placement, le mouvement, la réunion et la séparation des pièces qui figurent les forces actives et les états-majors des deux armées.

Pour exprimer un obstacle ralentissant le mouvement des corps armés, l'on trace des lignes de second ou de troisième rang, lesquelles obligent ces forces à se décomposer pour n'atteindre les points voulus que par parties et à plusieurs reprises.

Pour exprimer dans le jeu la conquête d'une province adverse, il est convenu que l'occupation de son chef-lieu par un petit état-major implique la possession de toute la province ; parce que ces sortes de pièces n'ayant aucune force par elles-mêmes, tandis que leur perte entraîne de grands désavantages, l'on ne peut leur frayer le chemin des chef-lieux à travers les provinces envahies, qu'à l'aide de forces actives et protectrices, supérieures à celles de l'adversaire.

Etendant le même principe au gain et la perte de la partie, il est convenu que pour constater notre victoire définitive sur l'ennemi, il faut amener une pièce appelée grand état-major sur la capitale adverse. Mais comme ce grand état-major est aussi une pièce passive, sans force propre, et dont

cependant la perte implique la perte de la partie
à laquelle il appartient, ce résultat ne peut s'obtenir
qu'à l'aide d'une supériorité manifeste des forces
qui l'escortent et le couvrent, sur les forces adverses
qui cherchent à s'en emparer.

Enfin, pour exprimer la valeur propre et exceptionnelle des forteresses, il est convenu qu'elles
ajoutent une certaine quantité de force à leurs garnisons, et qu'en outre elles restent indépendantes
du sort des provinces où elles sont situées, offrant
constamment un refuge aux pièces menacées dans
ces provinces, et n'appartenant qu'à la partie qui
les occupe, tant qu'elle les occupe.

Un point ou station stratégique peut réunir à la
fois les trois caractères de capitale, de chef-lieu et
de place forte, ne porter que deux ou qu'un seul
de ces caractères, mais dans les trois cas, il faut
que ce point soit de premier rang c'est-à-dire accessible à autant de divisions réunies que l'on veut,
afin qu'il n'y ait point de stations *inexpugnables* sur
le tableau.

Pour la même raison, et afin d'établir l'équi-
libre des deux parties, il faut éviter dans le tracé
des tableaux, que le rang des stations et des étapes,
que la configuration des provinces et la situation
relative de leurs chefs-lieux, que le nombre, la
classification et le rang des forteresses, que surtout
la situation et l'accessibilité des deux capitales ne
soient pas à l'avantage exclusif de l'une des deux
parties.

II.

Pièces du jeu et leurs fonctions.

Chaque partie a vingt pièces figurant vingt divisions d'armée ; cinq pièces figurant cinq petits état-majors ; une pièce figurant un grand état-major, ou état-major général.

Pour faciliter la distribution des forces, chaque partie est pourvue en outre de cinq pièces figurant cinq sommes de quatre divisions, ou cinq corps d'armée, dont les vingt pièces divisionnaires représentent en quelque sorte la monnaie.

Le tableau étant partagé en deux zônes adverses comprenant chacune un pays ou une agrégation de pays coalisés, les deux armées se distribuent à volonté et comme il leur convient, chacune dans les limites de son pays, mais par corps d'armée, c'est-à-dire en plaçant cinq sommes de quatre divisions sur cinq points différents.

Les petits état-majors se placent aussi à volonté, mais séparément, et sans pouvoir jamais occuper le même point qu'une autre pièce quelconque. Cette dernière règle s'applique à leur repos comme à leur mouvement, ainsi qu'au repos et au mouvement du grand état-major.

Le grand état-major se place toujours pour commencer sur sa capitale. C'est la seule pièce quit ait un poste obligatoire dans la répartition primitive de l'armée.

Le but du jeu pour chaque partie est de conduire son grand état-major sur la capitale adverse, sans

8

*le laisser prendre dans le trajet, la perte de cette
pièce impliquant la perte de la partie à laquelle il
appartient; de sorte qu'il y a deux moyens de gagner,
soit en occupant la capitale adverse avec son grand
état-major, soit en s'emparant du grand état-major
adverse.*

La fonction des petits états-majors consiste à
occuper les chefs-lieux des provinces adverses.
Une occupation pareille implique aussitôt et dans
le même tour, 1) l'enlèvement de toutes les pièces
adverses qui se trouvent à cet instant dans les
limites de la province conquise, 2) le recouvre-
ment de toutes les pièces que le conquérant a
perdues jusqu'à cet instant. Les pièces ainsi recouvrées se placent toutes réunies et instantanément sur le chef-lieu conquis; et afin que le petit
état-major occupant puisse de suite leur faire place,
cet état-major ne fait que toucher le chef-lieu, et
va se fixer du même mouvement à une étape quelconque au-delà. Si parmi les pièces recouvrées
il se trouve des états-majors, on les met sur les
points adjacents au chef-lieu conquis, attendu que
d'après une règle déjà connue, ces sortes de pièces
doivent toujours reposer et se mouvoir séparément.

La perte d'un petit état-major implique la perte
instantanée de toutes les pièces de sa partie, qui
se trouvent à ce moment dans les limites de la
province, sienne ou adverse, où il est surpris.
Donc, lorsqu'un grand état-major se trouve dans
une province, sienne ou adverse, ainsi purgée,
sa partie est perdue. Néanmoins, les défaites qui

résultent soit de la perte d'une province, soit de la perte d'un petit état-major, n'atteignent point les pièces, divisions ou état-majors, réfugiés dans les forteresses qui sont situées dans cette province.

La fonction des vingt divisions ou des cinq corps composant chaque armée, consiste à ouvrir et à couvrir par la force, la marche de leur grand état-major vers la capitale adverse et celle de leurs petits états-majors vers les chef-lieux de provinces adverses; de sorte que les divisions combattent, perdent et gagnent, pendant que leurs états-majors constatent seulement leurs succès et leurs défaites, par les positions successives qu'ils occupent à l'égard des points stratégiques du pays ennemi.

III.

Règles du jeu.

1. Les parties tirent au sort, à qui doit choisir entre les deux pays composant le théâtre de la guerre. La partie contraire place la première son armée et a aussi le premier tour des mouvements, après que l'adversaire a placé ses pièces.

2. Chaque partie, alternativement, remue toutes ses pièces à la fois, dans tous les sens, mais à une seule étape de distance. Bien entendu qu'elle peut ne remuer qu'une portion de ses forces, ou même renoncer entièrement à son tour de mouvements. Pour éviter la confusion, il est bon de remuer d'abord le grand état-major, ensuite les petits états-majors, et enfin les divisions dans un

certain ordre habituel, en allant de droite à gauche, ou de gauche à droite, de haut en bas, ou de bas en haut, peu importe.

3. La somme des divisions qui forment chaque armée, est décomposable et recomposable à volonté, par les procédés suivants :

Sur les points noirs l'on peut amener et réunir autant de divisions que l'on veut; sur les points rouges, l'on ne peut pas en amener et en réunir plus de quatre à la fois; sur les points bleus, l'on ne peut en placer qu'une seule.

4. Les pièces sont amenées sur ces trois sortes de stations en se mouvant librement dans tous les sens, suivant les lignes également de trois sortes qui y aboutissent. Ainsi, par les lignes noires, l'on peut conduire à la fois telle quantité de divisions que l'on veut; par les lignes rouges, l'on ne peut pas en conduire plus de quatre à la fois; par les lignes bleues, l'on ne peut en conduire à la fois qu'une seule. C'est pourquoi il a été dit plus haut, que pour franchir une étape qui n'admet pas la somme entière des divisions réunies à son extrémité, il faut décomposer cette somme et franchir l'étape par parties et à plusieurs reprises.

5. Les état-majors qui, comme on le sait déjà, ne peuvent point être réunis sur le même point, ni entre eux, ni avec leurs divisions, franchissent librement toutes les lignes et abordent toutes les stations, à quelque rang qu'elles appartiennent.

6. Toutes les pièces de la même partie situées à une seule étape de distance l'une de l'autre, ont

droit de changer de place entre elles, pourvu que le rang des lignes qui les séparent le leur permette.

Rencontres.

7. Les forces contraires ne s'abordent qu'à la distance d'une seule étape.

8. Deux forces égales contraires restent en présence, sans pouvoir avancer ni l'une ni l'autre, et elles sont dites égales, non seulement lorsqu'elles le sont numériquement, mais aussi lorsqu'elles se rencontrent à travers une ligne qui ne laisse passer de la plus considérable, qu'une fraction égale à la plus faible. Ainsi la ligne ou étape rouge, ne laissant passer que quatre divisions à la fois, il ne faut pour arrêter les forces quelconques de l'adversaire placées à l'une de ses extrémités, que quatre divisions réunies à l'extrémité opposée. La ligne bleue ne laissant passer qu'une seule division à la fois, il ne faut qu'une seule division pour en interdire le passage à toute force ennemie.

Mais à travers les lignes ou étapes noires qui sont accessibles à toutes les sommes de forces possibles, il faut deux égalités numériques contraires pour s'arrêter mutuellement.

9. De deux forces contraires inégales qui s'abordent à la distance d'une seule étape, la plus faible doit s'arrêter, sous peine d'être prise en entier par la plus considérable qui se met à sa place. Donc, pour enlever une force adverse qui n'a point ou ne veut pas faire de retraite, il faut mettre à sa place une force supérieure d'une

division au moins, et à laquelle la ligne de séparation donne passage en entier.

10. Lorsqu'une force inférieure se trouve acculée par une force supérieure adverse à des lignes rouges ou bleues, que la première ne peut pas franchir en entier dans le même tour de mouvements, il faut qu'elle sacrifie une partie pour écarter l'autre. Alors la fraction qui n'a pas pu s'écarter est prise par la force ennemie qui se met à sa place. Nous répétons néanmoins que pour opérer cette prise, il n'est pas obligatoire de déplacer la totalité de la force assaillante, mais qu'il suffit d'en détacher une quantité au moins supérieure d'une division à la force assaillie.

11. Les état-majors n'ont aucune force de résistance contre les divisions adverses, et ne possèdent d'autre moyen propre de défense que la fuite. Ils ne se menacent et ne se prennent point non plus entre eux, mais ils s'arrêtent mutuellement; de sorte qu'un état-major ne peut pas être expulsé du point qu'il occupe par un, ni par plusieurs état-majors contraires. Ces pièces peuvent donc servir non seulement à menacer les chef-lieux adverses, mais encore à couvrir leurs propres chef-lieux et leur capitale contre les excursions isolées des état-majors adverses.

12. Il a déjà été dit, que la prise d'un petit état-major entraine instantanément l'enlèvement de toutes les pièces de sa partie, divisions ou état-majors, qui se trouvent à ce moment dans les limites de la province où cette prise a lieu. Une

perte de cette sorte figure *une bataille perdue et ses conséquences*; mais quelle que soit la quantité de petits état-majors enlevés de cette façon, l'on ne perd avec eux que les divisions trouvées dans la province même où ils sont surpris. Donc, pour éviter une défaite trop considérable, il faut lorsqu'on est menacé de perdre un petit état-major, retirer ses forces à temps dans une province voisine, ou dans les forteresses de la province même, s'il y en a, car l'on sait que les forteresses restent indépendantes de leurs provinces et de tout ce qui s'y passe.

13. Il a été dit également que le grand état-major a une fonction spéciale et suprême; mais qu'il soit pris par la rencontre d'une force adverse, ou par suite de la conquête de la province qu'il traverse, ou par suite *d'une bataille perdue* dans cette province, cette prise implique toujours et instantanément la perte de la partie à laquelle ce grand état-major appartient.

14. Une dernière observation à faire touchant les rencontres, c'est qu'une force peut sans reculer, rencontrer plusieurs forces égales adverses, c'est-à-dire arrivant sur elle par plusieurs directions à la fois. Si ces forces adverses lui sont toutes ou en partie inférieures numériquement, elle conserve sur chacune d'elles séparément ses droits de supériorité, sans égard à ce qu'elles sont *plusieurs.*

Occupation des provinces adverses.

15. Il a déjà été dit que pour s'emparer d'une

province adverse et de tout ce qu'elle contient, les places fortes et leurs garnisons exceptées, il faut traverser son chef-lieu avec un petit état-major. Il a été dit également qu'en traversant ce chef-lieu avec un petit état-major, on enlève instantanément toutes les pièces adverses de la surface de la province ainsi conquise, et que l'on met aussitôt les siennes recouvrées, sur le chef-lieu conquis, ou à côté si ce sont des petits état-majors.

Il reste à ajouter que les provinces adverses ne peuvent être conquises de la sorte qu'une seule fois dans le courant du jeu, après quoi ces provinces et leurs chef-lieux deviennent des terrains neutres et indifféremment accessibles à tous les mouvements des deux parties.

16. Les alentours des deux capitales à une étape de distance formant des provinces à part, ils se gagnent et se perdent de la même manière que les autres provinces, indépendamment du caractère général et unique qui est attaché à la *capitale* qu'ils renferment.

17. L'on peut simultanément, c'est-à-dire dans le même tour, conquérir plusieurs provinces adverses, à l'aide de plusieurs petits état-majors. Dans ce cas l'on répartit dans la proportion que l'on veut entre les chef-lieux conquis, toutes les pièces recouvrées par ce mouvement; mais soit que l'on conquiert une seule province, ou que l'on en gagne plusieurs à la fois, il est obligatoire pour le conquérant de replacer sur le tableau la totalité des pièces qu'il a perdues jusqu'à ce moment. Ce re-

couvrement des pièces perdues figure soit l'intervention d'une nouvelle armée dans le courant de la campagne, soit l'emploi au profit du conquérant, des ressources abandonnées par l'ennemi.

18. Il est bien entendu que l'on ne peut conquérir que les provinces du pays adverse, et que le passage ou le séjour des état-majors sur les chef-lieux et sur la capitale de leur propre pays n'a aucune conséquence. Le passage et le séjour du grand état-major sur les chef-lieux de provinces adverses, sont également sans conséquence.

19. Les petits état-majors n'ont pas le droit de traverser les chef-lieux des provinces adverses *encore non conquis*, sans en même temps prendre possession de la province qui en dépend; ce qu'il est important d'observer, car il pourrait être souvent dans l'intérêt du joueur de ne point s'emparer d'une province adverse, tout en faisant passer des petits état-majors par son chef-lieu.

20. La manière la plus avantageuse d'envahir une province adverse, consiste à tenir un petit état-major suspendu a une étape de distance de son chef-lieu, sans se presser d'en prendre possession; car l'ennemi devant perdre toutes les forces qu'il a dans les limites de cet espace au moment où nous nous en emparons, se hâte alors de l'évacuer et n'osera y rentrer que lorsque notre prise de possession en aura fait un terrain neutre.

Emploi des places fortes.

21. Comme moyen de résistance contre les

divisions adverses, les places fortes n'ont de valeur que lorsqu'elles sont occupées par une ou par plusieurs divisions ; autrement elles sont un lieu de passage également libre pour les deux parties.

22. Une place forte de premier rang ajoute la valeur de quatre divisions, et une place forte de second rang ajoute la valeur de deux divisions à toute force active qui l'occupe. De sorte que pour expulser une force adverse d'une forteresse de premier rang, il faut attaquer cette garnison avec une quantité égale, plus cinq divisions au moins ; et que pour l'expulser d'une forteresse de second rang, il faut l'attaquer avec une quantité égale, plus au moins trois divisions.

23. Cette addition de valeur aux garnisons des forteresses, ne leur sert cependant que pour la résistance ; de façon que dans leurs sorties à une étape de distance autour de leur asyle, elles n'ont plus que leur force numérique réelle.

24. Les grands et les petits état-majors traversent librement les places fortes non occupées des deux pays, mais n'y sont point à l'abri contre l'attaque des divisions adverses et ne donnent aucune force de résistance à ces points. Ils y sont seulement à l'abri de l'enlèvement de pièces qui résulte soit de l'occupation par l'ennemi de la province où ils se trouvent, soit de la perte d'un petit état-major dans les limites de cette province, perte équivalente, comme il a été dit plus haut, à *une bataille perdue.*

25. Nous terminons cet article en rappelant aux

parties que les places fortes restent constamment indépendantes des pays et des provinces où elles sont situées; de façon que tout ce qu'elles abritent au moment de la perte de la province qui les contient, est sauvé.

VI.

Exemple pratique du jeu.

(Voyez le tableau Nro. I.)

Nous avons pris pour *tableau modèle* la carte de la Hongrie et des états Austro-Russes qui enveloppent de toutes parts ce pays, à cause de l'intérêt européen et tout récent qu'a excité l'héroïque résistance des Hongrois dans cette région. Il est bien entendu que le même genre de tracé est applicable à tous les autres pays, et que l'on peut ainsi convertir *en tableaux de jeu stratégique* toute carte géographique quelconque.

Sur ce tableau, la longueur des étapes, c'est-à-dire des côtés des triangles équilatéraux dans lesquels se décompose tout le théâtre de la guerre, est de cinq milles géographiques. Cette mesure est facultative, puisque l'on peut à la rigueur appeler *étape stratégique*, toute unité comparative de distance pour deux armées belligérantes. Le plus convenable cependant est de prendre pour cette mesure itinéraire la moyenne des trajets faisables par une armée en vingt-quatre heures, lesquels y compris les repos, les combats et les alignements ne dépassent jamais cinq milles d'Allemagne par jour.

2

C'est de plus en Europe, la distance commune des grands centres de population et par conséquent des stations stratégiques. Les deux pays adverses, séparés par une chaine de gros traits comprennent : dans *la Hongrie*, les provinces militaires de :

1. Stuhlweissenburg ; entre la Drave et la rive droite du Danube ;

2. de Pesth, entre la rive gauche du Danube, la Basse-Theiss et les Carpates occidentales ;

3. d'Epéries, entre la Haute-Theiss et les Carpates orientales ;

4. de Debrecin entre la Haute-Theiss et la Maros ;

5. de Temeswar, entre la Maros et le Bas-Danube ;

6. de Hermanstadt, ou de Transylvanie, province enveloppée de tous côtés par les Carpates méridionales et leurs contreforts ;

7. d'Alt-Arad, province conventionnelle, comprenant la circonscription à une étape de distance autour du point choisi pour capitale militaire de *la Hongrie.*

Les états Austro-Russes servant de bases d'opérations à l'armée adverse, comprennent les provinces militaires :

1. d'Agram, ou de Slavo-Croatie, entre la Save et la Drave ;

2. de Grätz ou d'Austro-Styrie, entre la Haute-Save et le Danube ;

3. de Brünn, ou de Moravo-Bohème, entre le Danube et les monts Sudètes ;

4. de Cracovie ou de Galicie occidentale, entre les Carpates occidentales et la Haute-Vistule ;

5. de Lemberg ou de Galicie, orientale entre les Carpates orientales et le royaume de Pologne ;

6. de Jassy ou de Moldavie, entre les Carpates méridionales et la Bessarabie.

7. de Bucharest ou de Valachie, entre les Carpates méridionales et le Bas-Danube ;

8. de Vienne, province conventionnelle, comprenant la circonscription à une étape de distance, autour du point choisi pour capitale militaire des Austro-Russes.

Les forteresses que nous avons admises dans ce tableau sont :

Pour la Hongrie, Comorn de premier rang ; Leopoldstadt, Karlsburg et Temeswar de second rang ; pour les pays Austro-Russes, Olmütz de premier rang ; Linz, Esseg et Peterwardein de second rang, en supposant qu'à l'ouverture des hostilités cette dernière place tient contre les Hongrois, ce qui est facultatif. Nous avons supprimé les autres places fortes pour ne pas encombrer le tableau, mais on pourrait les marquer toutes sans inconvénient.

Ceci posé, soit les Hongrois la partie A, les Austro-Russes la partie B. En supposant que le sort ait donné le choix entre les deux pays à la partie B, et qu'elle ait choisi le pays Austro-Russe :

A.

La partie A prend la Hongrie et y dispose ses forces comme il suit : *obligatoirement*, le grand état-major — 373. Tout le reste facultativement, mais dans l'enceinte des provinces hongroises : les cinq petits état-majors — 81, menaçant Cracovie, — 100 menaçant Brünn, — 306 menaçant Grätz et couvrant Agram, — 428 couvrant Temeswar, — 406 Hermanstadt. Les cinq corps d'armée se placent : trois menaçant Vienne sur les numéros — 172, — 199 — 225. Le quatrième sur le Nro. 453 couvrant Temeswar, et le cinquième en réserve, sur le Nro. 256.

B.

La partie A ayant placé toutes ses pièces, la partie B place les siennes à son tour dans les limites des pays Austro-Russes comme il suit : *obligatoirement*, le grand état-major — 170; *facultativement*, les cinq petits états-majors — 57 menaçant Epéries, — 276 couvrant Grätz — 97 couvrant Brünn, — 389 couvrant Agram, — 460 menaçant Hermanstadt. Les cinq corps d'armée se placent : trois couvrant Vienne, sur les Nros 145, — 171, — 198, un sur le Nro. 59 menaçant Epéries, et le cinquième 433 menaçant Hermanstadt.

La partie A commence :

Le grand état-major avance de 373 sur 344. Les petits état-majors de 81 sur 56, — de 100 sur 99, — 306 sur 277 — de 428 sur 400, et le cinquième fuit de 406 sur 405.

Les trois corps d'armée des Nros 172, 199 et 225 se concentrent tous les trois sur 199, présentant sur ce point une seule masse de douze divisions. Le corps 256 se porte sur 229, et le corps 453 sur 427.

La partie B :

Le grand états-major de 170 sur 197.

Les petits états-majors de 57 sur 82 ; 97 reste en place, 276 reste en place, 389 sur 390, 460 sur 433 d'où le corps d'armée se transporte sur 406. Les trois corps d'armée 145, 171 et 198 se concentrent sur 170, présentant sur ce point une seule masse de douze divisions. Le cinquième corps s'avance de 59 sur 83.

A.

Le grand état-major de 344 sur 343.

Les petits états-majors : 56 reste en place, menaçant Cracovie sans s'en emparer encore ; 99 sur 98, 277 reste en place, 400 sur 373, 405 sur 404.

Les trois corps ou douze divisions 199 sur 198 ; le corps 299 sur 228, forteresse de premier rang où il vaut huit divisions ; le corps 427 sur 400.

B.

Le grand état-major 197 sur 223.

Les petits états-majors : 82 reste en place, menaçant Epéries sans s'en emparer encore ; 97 reste en place, 276 reste en place, 390 sur 391, 433 reste en place menaçant Hermanstadt sans s'en emparer encore.

Les douze divisions 170 sur 197, les quatre divisions 406 sur 405, les quatre divisions 83 sur 106.

A.

Le grand état-major 343 sur 342.

Les petits états-majors : 56 reste en place, 98

reste en place, 277 reste en place, 373 sur 344, 404 sur 403.

Des douze divisions 198, quatre restent sur 198, où elles sont couvertes par une étape rouge; huit se portent sur 224 où elles sont couvertes par une étape bleue; le corps 228 reste en place, le corps 400 sur 373.

B.

Le grand état-major 223 sur 249.

Les petits états-majors: 82 reste en place, 97 reste en place, 276 reste en place, 391 sur 364, 433 sur 460.

Les douze divisions 197 toutes réunies passent sur 223; les quatre divisions 405 sur 377, Karlsburg, forteresse de second rang où elles valent six divisions; les quatre divisions 106 sur 129.

A.

Le grand état-major 342 sur 314.

Les petits états-majors: 56 reste en place, 98 reste en place, 277 reste en place, 344 passe sur 316, 403 sur 402.

Les quatre divisions 198 passent sur 170; de huit divisions 224, quatre divisions passent sur 250 où elles menacent le grand état-major B et sont couvertes par une ligne rouge; les quatre divisions 224 restent en place, où elles sont aussi couvertes par une ligne rouge; les quatre divisions 228 restent en place; les quatre divisions 373 restent en place, pour couvrir la capitale militaire contre le corps B qui s'avance par la Transylvanie.

B.

Le grand état-major 249 sur 276, d'où le petit état-major passe sur 304.

Les petits états-majors : 82 reste en place, 97 reste en place, 361 sur 336, 460 sur 459.

De douze divisions 223, quatre sur 249, huit restent sur 223, arrêtées par la ligne rouge qui conduit à 249. Les quatre divisions 377 sur 376, les quatre divisions 129 sur 153.

A.

Le grand état-major 314 sur 285.

Les petits états-majors : 56 reste en place, 98 reste en place, 277 sur 305 fuyant les quatre divisions B du Nro. 249, 316 sur 315, 402 sur 401.

De quatre divisions 170, une sur 145 pour appuyer le petit état-major 98, les trois divisions restantes de 170 sur 198. Les quatre divisions 224 restent en place, les quatre divisions 250 restent en place, les quatre divisions 228 restent en place, les quatre divisions 373 restent en place.

B.

Le grand état-major 276 reste en place.

Les petitss état-majors 82 reste en place, 97 reste en place, 304 reste en place, 336 sur 337, 459 sur 432.

Les quatre divisions 249 sur 277 ; des huit 223, quatre passent sur 249, quatre restent sur 223.

24

Les quatre divisions 376 sur 347, les quatre divisions 153 sur 152.

A.

Le grand état-major 285 sur 284.

Les petits états-majors : 56 reste en place, 98 reste en place, 305 fuyant le corps adverse 277 passe sur 333; 315 sur 286, 401 reste en place.

La division 145 sur 121; les trois divisions 198 sur 224, où se réunissent ainsi sept divisions; les quatre divisions 250 restent en place, les quatre divisions 228 détachent une division sur 255 pour couvrir Stuhlweissenburg menacée par le petit état-major 337; les quatre divisions 373 sur 315.

B.

Le grand état-major 276 sur 305.

Les petits états-majors : 82 reste en place; 97 menacé par la division 121 se retire sur 96; 304 revient sur 276, 337 sur 310, 432 sur 404.

Les quatre divisions 277 sur 278,
les quatre divisions 249 sur 277,
les quatre divisions 223 sur 249,
les quatre divisions 347 sur 346,
les quatre divisions 152 sur 151.

A.

Le grand état-major 284 sur 256.

Les petits états-majors : 56 reste en place, 98 reste en place, menaçant toujours Brünn sans s'en emparer encore, 333 sur 362 menaçant Agram,

286 sur 259, 401 sur 428 couvrant Temeswar.

La division 121 sur 97 pour chasser le petit état-major 96; les sept divisions 224 sur 250, où se trouvent ainsi réunies onze divisions; les trois divisions 228 sur 229, pour faire face au corps ennemi 151; la division 255 sur 282, pour couvrir Stuhlweissenburg; les quatre divisions 345 restent en place.

B.

Le grand état-major 305 sur 306.

Les petits états-majors : 82 reste en place; 96 sur 119 fuyant la division ennemie 97; 276 reste en place, 310 sur 338 fuyant la division ennemie 282, 404 sur 376.

Les quatre divisions 278 sur 277, les quatre divisions 249 sur 277 où se trouvent ainsi réunies douze divisions; les quatre divisions 346 sur 318, les quatre divisions 151 sur 176.

A.

Le grand état-major 256 sur 255.

Les petits états-majors : 56 reste en place; 98 reste en place, 362 reste en place, 259 sur 233, 428 reste en place.

La division 97 sur 120; les onze divisions 250 détachent quatre divisions sur 249 pour menacer Grätz, et une division sur 251, ne pouvant pas en détacher davantage par la ligne bleue qui y aboutit; six divisions restent sur 250; les trois divisions 229 restent en place, la division 232 reste en place, les quatre divisions 345 sur 346, pour séparer le petit état-major ennemi de son corps d'armée.

B.

Le grand état-major 306 sur 307.

Les petits états-majors : 82 reste en place, 119 sur 143 fuyant la division 120, 276 sur 305 fuyant le corps 249, 338 sur 339, 376 sur 403.

Les douze divisions 277 détachent une division sur 276, où elle est couverte par une ligne bleue contre le corps ennemi 249; les onze divisions restantes passent sur 278, les quatre divisions 318 sur 345, les quatre divisions 176 sur 203.

A.

Le grand état-major 255 sur 228.

Les petits états-majors : 56 reste en place, 98 reste en place, 362 reste en place, 233 sur 234, 428 reste en place.

La division 120 sur 144, les quatre divisions 249 sur 250 et la division 251 sur 250, où se trouvent ainsi réunies onze divisions. Les trois divisions 229 détachent une division sur 202, les deux divisions restantes se retirent sur 255 devant le corps ennemi 203; la division 282 reste en place, les quatre divisions 346 sur 374.

B.

Le grand état-major 307 sur 335.

Les petits états-majors : 82 reste en place, 143 sur 169, 305 sur 306, 339 sur 312, 403 sur 430.

La division 276 sur 248, tàchant d'arriver au secours de Vienne. Les onze divisions 278 détachent quatre divisions sur 251, pour couper le chemin de Vienne au grand état-major adverse; ce corps est couvert contre les onze divisions ennemies 250 par la ligne bleue qui l'en sépare. Les sept divisions restantes passent sur 279; les quatre divisions 345 sur 373, les quatre divisions 203 sur 229.

A.

Le grand état-major 228 sur 201.

Les petits états-majors : 56 reste en place, 98 reste en place, 362 sur 333, 234 sur 235 couvrant Debrecin, 428 reste en place.

La division 144 reste en place; les onze divisions 250 détachent un corps d'armée sur 224 et transportent les sept divisions restantes sur 278; la division 202 se retire dans la forteresse de premier rang 228 où elle vaut cinq divisions; les deux divisions 255 se retirent sur 283 devant le corps ennemi 229; la division 282 reste en place, les quatre divisions 374 restent en place.

B.

Le grand état-major 335 sur 364.

Les petits états-majors : 82 reste en place, 169 reste en place, 306 sur 305, 312 sur 284 menaçant Pesth, 430 sur 429.

La division 248 sur 222, les quatre divisions 251 sur 225, les sept divisions 279 sur 280; les quatre divisions 373 sur 400 pour chasser le petit état-major ennemi 426 ; les quatre divisions 229 sur 256, ouvrant ainsi au petit état-major 284 le chef-lieu de la province de Pesth, dans l'enceinte de laquelle se trouve le grand état-major ennemi.

A.

Le grand état-major 201 courant risque d'être pris dans la province de Pesth, dont le chef-lieu se trouve menacé par le petit état-major 284, se retire dans la forteresse de Komorn 228, d'où, pour lui faire place, la division qui s'y trouve se retire sur 254.

Les petits états-majors : 56 reste en place, 98 reste en place, 333 sur 332, 235 reste en place, 428 reste en place.

Le corps d'armée 224 sur 198, les sept divisions 278 sur 279; les deux divisions 283 se retirent sur 282, où se trouvent ainsi réunies trois divisions; les quatre divisions 374 sur 373, la division 144 reste en place.

B.

Le grand états-major 364 sur 365.

Les petits états-majors : 82 reste en place, 169 reste en place, 305 reste en place, 284 reste en place menaçant Pesth sans s'en emparer encore, 429 reste en place.

La division 222 sur 196, les quatre divisions 225 sur 199, les sept divisions 280 sur 253; les quatre divisions 400 détachent une division sur Tempswar, laquelle enlève le petit état-major ennemi 428, ce qui n'a pas d'autres conséquences, parce que la partie A n'a aucune autre pièce dans les limites de la province de Temeswar. Les quatre divisions 256 sur 255, menaçant le grand état-major adverse.

A.

Le grand état-major 228 menacé par le corps ennemi 225, et ne pouvant se retirer sur aucun point de la province de Stuhlweissenburg où il serait pris par les forces adverses 253 ou 255, se retire sur 201.

Les petits états-majors : 56 reste en place, 98 reste en place, 332 sur 304, 235 reste en place. Le corps d'armée 198 reste en place, les sept divisions 279 passent sur 280; les trois divisions 282 se retirent sur 310 devant les quatre divisions adverses 255; la division 254 se retire dans la forteresse de Komorn 228 où elle vaut cinq divisions; les quatre divisions 373 marchent sur les trois divisions adverses 400, les enlèvent et se mettent à leur place; la division 144 reste en place.

B.

Le petit état-major 284 se place sur 256 qui est le chef-lieu de la province de Pesth, et par ce seul coup gagne la partie; car en s'emparant de ce chef-lieu, il enlève instantanément toutes les pièces adverses qui se trouvent dans les limites de cette province; or le point 201 occupé par le grand état-major A, appartient à cette province. Cependant, pour expérimenter quelques cas qui ne se sont pas encore présentés dans le courant de ce jeu, supposons que le petit état-major 284 se trouve à cet instant à quatre étapes en arrière, par exemple sur 394, et reprenons la partie B ainsi modifiée.

Alors : le grand état-major 365 sur 366.

Le petit état-major 82 traverse 106 pour passer sur 130. Par ce mouvement, la partie B s'est emparée de la province hongroise d'Epéries. Elle n'a pas trouvé de pièces adverses à y enlever, mais elle place ses trois divisions antérieurement perdues et actuellement recouvrées sur 106 chef-lieu de la province conquise, laquelle devient dès ce moment un terrain neutre indifféremment accessible aux deux parties. 169 change de place avec la division 196; 305 passe sur 276 pour couvrir Grætz, 394 sur 367, 429 reste en place.

Les quatre divisions 199 sur 172, les sept divisions 253 sur 227; la division 428 qui en vaut trois, ne pouvant tenir contre les quatre divisions adverses 400, se retire sur 455; les quatre divisions 255 sur 282.

A.

Le grand état-major 201 sur 174.

Les petits états-majors : 56 reste en place, 98 reste en place, 304 sur 332, 235 reste en place.

Le corps d'armée 198 sur 199, les sept divisions 280 sur 253; les trois divisions 310 fuyant devant les quatre divisions adverses 282, passent sur 338, d'où elles menacent à la fois le grand état-major et un petit état-major adverses; la division 228 qui en vaut cinq ne pouvant pas tenir contre les sept divisions adverses 227, se retire sur 254, afin de tenter l'ennemi à quitter Raab ; les quatre divisions 400 détachent une division sur 373 pour couvrir Alt-Arad, une division sur 428 pour couvrir Temeswar ; les deux divisions restantes passent sur 399, la division 144 reste en place.

B.

Le grand état-major 366 fuyant les trois divisions adverses 338 se retire sur 394.

Les petits états-majors : 130 sur 155, 196 sur 223, 276 reste en place ; 367 fuyant devant les trois divisions ennemies 338, passe sur 368 ; 429 menacé par la garnison de Temeswar fuit sur 402.

Les trois divisions 106 sur 129 ; les quatre divisions 172 sur 173, poursuivant le grand état-major adverse ; les sept divisions 227 enlèvent la division adverse 254 et se mettent à sa place ; la division 455 reste en place, les quatre divisions 282 sur 254 où se trouvent ainsi réunies onze divisions ; la division 169 sur 170.

A.

Le grand état-major 174 menacé, passe sur 149.

Les petits états-majors : 56 reste en place, 98 reste en place, 332 sur 361, 235 reste en place.

Le corps d'armée 199 sur 226, les sept divisions 253 restent en place, abritées contre les onze divisions adverses 254 par la ligne rouge qui les sépare ; les trois divisions 338 détachent une division sur

366, une autre division sur 367, et la troisième restante passe sur 311; la division 373 reste en place; la division 428 reste en place, les deux divisions 399 sur 371, la division 144 reste en place.

B.

Le grand état-major 394 menacé, se retire sur 422.

Les petits états-majors : 155 sur 180, 223 sur 249, 276 sur 305, 368 sur 340; 402 reste en place.

Les trois divisions 129 sur 153, les quatre divisions 173 sur 148, les onze divisions 254 sur 227 pour empêcher la jonction des deux forces ennemies à Raab; la division 455 reste en place, la division 170 reste en place.

A.

Le grand état-major 149 sur 125.

Les petits états-majors : 56 traverse 32 pour passer sur 31, s'emparant ainsi de la province de Cracovie, plaçant une division recouvrée sur le chef-lieu 32, et un petit état-major recouvré sur 55; 98 reste en place, 361 reste en place, afin de toujours menacer Agram, dans la province de laquelle le grand état-major B va être rejeté; 235 reste en place.

Le corps d'armée 226 se retire sur 252, devant les onze divisions ennemies 227; les sept divisions 253 se retirent sur 280 devant les mêmes onze divisions adverses; la division 366 sur 394; la division 367 sur 395, rejetant ainsi le grand état-major B dans la province d'Agram, déjà menacée par le petit état-major 361 ; la division 311 sur 312, la division 373 reste en place, la division 428 reste en place, les deux divisions 371 sur 370, la division 144 reste en place.

B.

Le grand état-major 422 se retire dans la forteresse d'Esseg 449 où il est à l'abri des conséquences de la prise d'Agram, mais non pas de la poursuite des divisions adverses 394 et 395.

Les petits états-majors : 180 sur 208, 249 sur 276, 305 sur 333 ; 340 ne pouvant fuir nullepart reste en place, 402 reste en place.

Les trois divisions 153 détachent une division sur 179 pour aller appuyer le petit état-major 208, les deux divisions restantes passent sur 152 ; les quatre divisions 148 menacées d'être enlevées par suite de la perte du petit état-major 340, cerné dans la province de Pesth où elles se trouvent, se réfugient dans la forteresse de Leopoldstadt 147, où elles valent six divisions ; les onze divisions 227 sur 253 ; la division 455 reste en place, la division 170 reste en place.

A.

Le grand état-major 125 sur 101.

Les petits états-majors : 31 reste en place, 55 change de place avec la division 32, 98 reste en place, 361 reste en place, 235 reste en place.

Le corps d'armée 252 passe sur 280 où se trouvent ainsi réunies onze divisions, en présence des onze divisions ennemies ; la division 394 sur 422 , la division 395 sur 368 , la division 312 reste en place, la division 373 reste en place, la division 428 reste en place, les deux divisions 370 sur 341. En cernant ainsi le petit état-major ennemi 340, sans le prendre, nous forçons les quatre divisions ennemies 147 à rester renfermées dans Leopoldstadt, ce qui ouvre la route de Vienne par Brünn à notre grand état-major 101. La division 144 sur 145.

B.

Le grand état-major 449 sur 474 fuyant d'Esseg, où il est menacé par la division adverse 422. Les petits états-majors : 208 reste en place, 276 reste en place, 333 sur 362 essayant de couvrir Agram ; 340 sur 313, 402 reste en place.

La division 179 sur 207 ; les deux divisions 152 restent en place, n'osant pas encore entrer dans la province de Pesth où le petit état-major 313 reste en prise; les quatre divisions 147 restent enfermées dans Leopoldstadt pour la même raison ; les onze divisions 253 restent en place, la division 455 reste en place, la division 170 reste en place.

A.

Le petit état-major 361 s'empare d'Agram 389 et par conséquent de toute la province dont Agram est le chef-lieu, enlevant instantanément toutes les pièces adverses qui s'y trouvent, y compris le grand état-major B 474, ce qui termine la partie en faveur de A.

Cet exemple pris entre une infinité d'autres combinaisons possibles, peut se traduire dans le langage stratégique de la manière suivante :

A l'ouverture de la campagne, les Hongrois ont réuni trois corps d'armée derrière le lac de Neusiedel et à cheval sur le Danube jusqu'à Presburg, menaçant Vienne. Ils ont un quatrième corps dans le Bannat, pour menacer la Slavo-Croatie. Leur cinquième corps d'armée occupe Pesth en réserve, pour se porter partout où besoin il y aura. La distribution de leurs états-majors indique qu'ils sont politiquement et administrativement maîtres de toutes les provinces hongroises, visant en outre à envahir la Galicie occidentale, la Moravie, la Styrie et la Croatie.

La configuration des frontières occidentales de la Hongrie, qui s'avancent presque sous les murs de Vienne, offre de grands avantages aux premiers mouvements offensifs de l'armée Maggiare. Aussi les Austro-Russes sont-ils obligés de tenir trois corps d'armée autour de leur capitale militaire pour la préserver d'une invasion immédiate, et couvrir les mouvements de leur grand état-major. Mais par compensation, l'enveloppement de la Hongrie par les divers pays qui appartiennent aux coalisés, permet à ces derniers de l'attaquer à revers et de tous les côtés à la fois. Usant à leur tour de cet avantage, les Austro-Russes ont réunis un quatrième corps d'armée dans la Galicie occidentale près de Dukla, pour traverser les Carpates et marcher sur Pesth entre la Theiss supérieure et le Danube, tandis que leur cinquième corps passant de la Valachie dans la Transylvanie, s'avancera par la vallée de la Maros au cœur de la Hongrie méridionale, où nous avons placé la capitale militaire de la puissance hongroise.

La distribution des états-majors austre-russes indique qu'ils ont l'intention d'envahir la Theiss supérieure, la Transylvanie et le bassin du Platensee, en même temps que leur armée principale couvrira Vienne.

2.

Les Austro-Russes immédiatement menacés dans la région de Vienne par l'armée principale des Hongrois, ont résolu d'évacuer cette capitale par une marche de flanc autour du lac de Neusiedel, marche qui les a conduits dans le bassin du Plattensee. Simultanément, et par un mouvement secondaire de leur droite, ils ont établi leur domination entre la Drave et le Danube.

Les Hongrois opérant un mouvement symétrique par leur droite, ont pénétré en Moravie et ont donné la main à Vienne insurgée, ce qui cependant ne pourra avoir un résultat décisif, que lorsqu'ils parviendront à amener leur grand état-major dans cette capitale.

Pendant cette lutte des deux armées principales, le corps austro-russe venant de la Galicie a pénétré dans la Haute-Hongrie à travers les Carpates, par le passage de Dukla qui n'était point disputé et s'est avancé sans obstacles vers le grand coude du Danube, menaçant à la fois Pesth et Komorn. Les forces centrales des Hongrois sont restées entre Pesth, Komorn et Stuhlweissenburg pour faire face à cette

vasion et en même temps repousser l'ennemi qui
avance de la Drave sur Stuhlweissenburg. Des par-
sans hongrois ont été jetés dans la Galicie occiden-
le sur les derrières de l'invasion austro-russe, pour
nter une insurrection à Cracovie.

Le corps austro-russe de la Valachie a pénétré
ns obstacles par la Transylvanie dans la vallée de
Maros, mais arrivé dans la région d'Arad et de Te-
eswar, il a rencontré la résistance du cinquième
orps hongrois, qui manœuvre pour empêcher sa
uction avec le corps venu de la Galicie occidentale.

3.

La principale armée des Austro-Russes profitant
es détachements faits par le gros des Hongrois pour
ccuper Vienne et la Moravie, a accompli sa marche
e flanc par la vallée de la Raab et est arrivée par la
orêt de Bakony jusque sous Komorn et Stuhlweis-
enburg. En même temps le corps Austro-Russe
enu de la Galicie a traversé le Danube à Gran, don-
ant la main à l'invasion principale. Ces quatre corps
éunis dans le grand coude du Danube, se sont em-
arés de Pesth malgré la résistance des Hongrois, ont
ssiégé Komorn et ont coupé le grand état-major
nnemi près de l'isle de Schütt. La prise de ce grand
tat-major, exprime une bataille décisive perdue par
es Hongrois au confluent de la Waag et du Danube,
t leur défaite irrévocable, malgré les succès de leurs
corps secondaires dans le Bannat, dans la Galicie
occidentale et la Moravie.

4.

Mais maintenant, supposons que les Hongrois

ayant concentré à temps leurs quatre corps d'armée
dans le grand coude du Danube, entre Pesth, Komorn
et Stuhlweissenburg, aient par cela empêché la jonction de la principale armée ennemie avec le corps
venu de la Galicie. Les Hongrois ont ensuite repris
l'offensive contre la droite des Austro-Russes qu'ils
ont rejetée sur la Drave, et ils ont en même temps
gagné une bataille entre la Theiss inférieure et le
Danube. Ils ont ensuite nettoyé toute la province de
Pesth et enfermé une partie de l'ennemi dans Leopoldstadt, ce qui a ouvert la route de Vienne à
leur grand état-major par la rive droite du Danube.
Enfin poursuivant leurs victoires dans la Croatie et
la Slavonie, ils ont gagné une bataille décisive entre
les embouchures de la Save et de la Drave, ce qui
a terminé la partie en leur faveur.

A côté de ces succès principaux, les Hongrois ont
détruit entre Arad et Temeswar le corps ennemi
venu de la Valachie; puis ils se sont emparé de Cracovie et de la Moravie. Les Austro-Russes ont pénétré avec un nouveau corps d'armée dans la Haute-
Hongrie, et ont marché d'Epéries sur Debrecin,
mais cette dernière tentative a échoué par suite de
leurs défaites sur tous les autres points du théâtre
da la guerre.

Errata.

Page 5, dans la seconde ligne, après du jeu,
ajoutez: „en augmentant ou diminuant".

**Suite de l'errata.

e 21, ligne 16, au lieu de : corps 299, lisez corps 229.

e 29, ligne 8, au lieu de : ennemi 225, lisez ennemi 255.

OBSERVATION.

La carte de Hongrie qui a servi d'échiquier à cet exemple
e jeu ayant été refaite et complétée pour servir en même
mps à tous les usages scientifiques, les numéros attachés
ix stations ainsi que l'ordre des directions de la première
dition ont été fidèlement conservés dans le nouveau
racé ; mais les signes conventionnels de celui-ci ont subi
es modifications dont le lecteur devra se rendre compte
vant d'aborder l'exercice qui précède. Il remarquera faci-
ement, par exemple, que les étapes dites *noires*, *rouges*
t *bleues* dans cet exercice signifient des étapes de 1re, de
2e et de 3e ordre, quelle que soit la manière de les distinguer
sur les tracés faits postérieurement au texte.

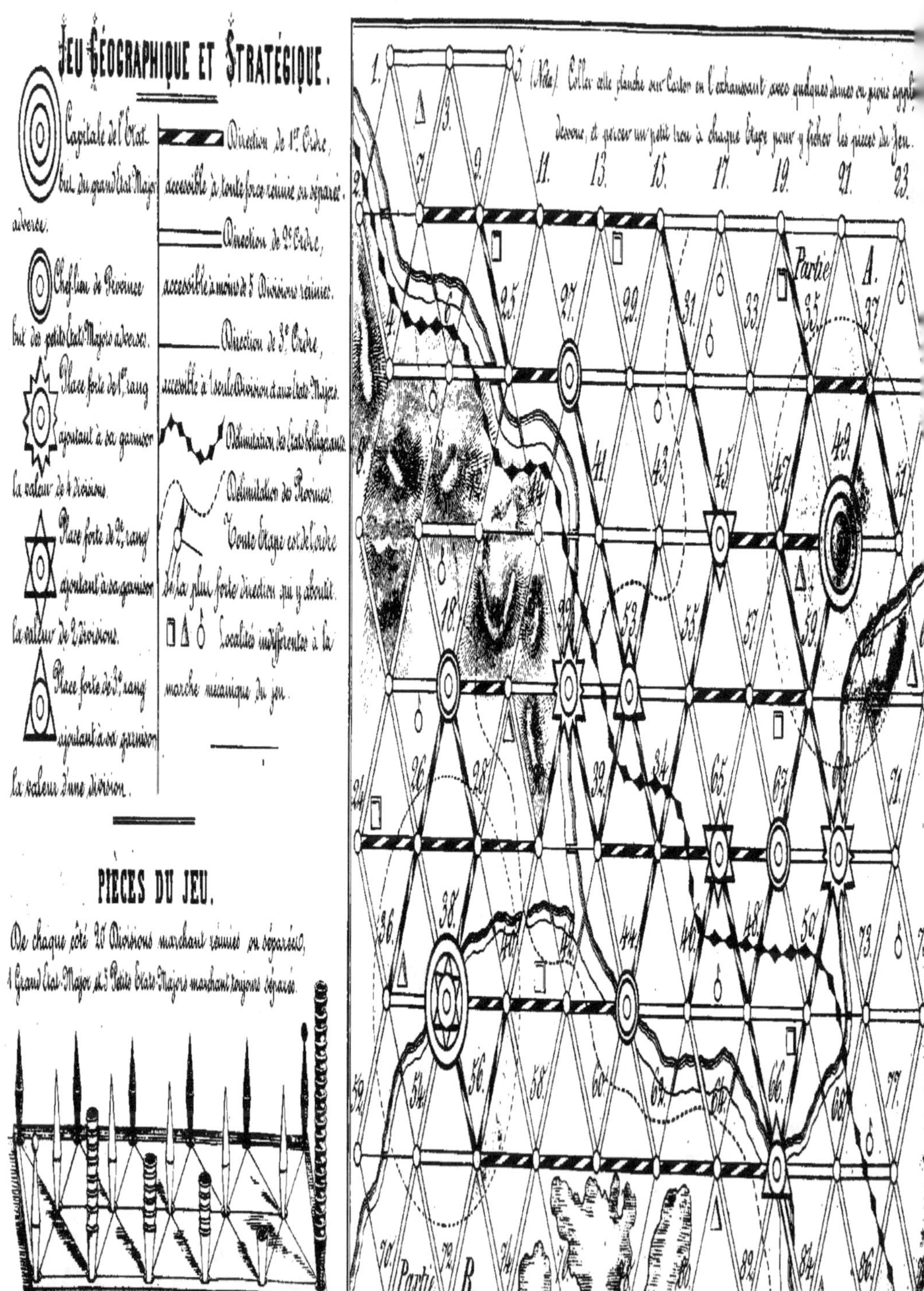

JEU GÉOGRAPHIQUE ET STRATÉGIQUE.
Capitale de l'État but du grand État-Major adverse.
Chef-lieu de Province but des petits États-Majors adverses.
Place forte de 1er rang ajoutant à sa garnison la valeur de 4 Divisions.
Place forte de 2e rang ajoutant à sa garnison la valeur de 2 Divisions.
Place forte de 3e rang ajoutant à sa garnison la valeur d'une division.
Direction de 1er Ordre, accessible à toute force réunie ou séparée.
Direction de 2e Ordre, accessible à moins de 5 Divisions réunies.
Direction de 3e Ordre, accessible à 1 seule Division et aux États-Majors.
Délimitation des États belligérants
Délimitation des Provinces
Toute Étape est de l'ordre de la plus forte direction qui y aboutit.
Localités indifférentes à la marche mécanique du jeu.
PIÈCES DU JEU.
De chaque côté 20 Divisions marchant réunies ou séparées,
4 Grands États-Major et 5 Petits États-Majors marchant toujours séparés.
Partie A.
Partie B.
(Nota) Coller cette planche sur Carton en l'enduisant avec quelque gomme ou pierre applié dessus, et percer un petit trou à chaque étape pour y ficher les pièces du Jeu.
À PARIS, Passage des Panoramas.

EXEMPLE PRATIQUE

SUR LA

CARTE IMAGINAIRE CI-JOINTE.

Après avoir étudié les règles abstraites, deux personnes se mettent au jeu ci-dessous. Un tiers leur lit à haute voix l'exemple dont elles n'ont qu'à exécuter machinalement, et tour à tour, les prescriptions. Il est bon de répéter encore une fois le même exercice, les parties belligérantes ayant changé de côté; après quoi les deux joueurs auront dû acquérir une habitude suffisante des mouvements, pour être à même de les appliquer à toute espèce de carte.

La carte imaginaire à laquelle se rapporte cet exemple particulier, figure de chaque côté trois provinces, y compris les circonscriptions de capitales. Le côté A, dont la capitale est en 49, se compose de la province *Bleue*, chef-lieu 27, de la province *Jaune*, chef-lieu 67, et de la circonscription circulaire de la capitale. Le côté B comprend la province *Rose*, chef-lieu 44, la province *Blanche*, chef-lieu 18, et la circonscription de sa capitale 38, qui est à la fois place-forte de second rang.

Mécaniquement, le but de la partie A est d'amener son grand état-major placé primitivement en 49, sur la capitale B, en 38, ou bien de s'emparer du grand état-major B, pendant le trajet que de son côté celui-ci aura à parcourir de 38 à 49.

En supposant que le sort ait dévolu à la partie A le choix du pays *Bleu et Jaune* qu'elle occupe:

La partie A se place la première, dans les limites de ce pays, ainsi qu'il suit ; le grand état-major, *obligatoirement* sur la capitale 49. Le reste *facultativement*. Les cinq corps d'armée, primitivement composés chacun de quatre divisions réunies, sur le chef-lieu 27, la place-forte de troisième rang 53 (1), 55, la place-forte de second rang 65 et le chef-lieu 67. — Les cinq petits états-majors sur 9, 13, la place-forte de troisième rang 43, 57 et 77.

La partie B se plaçant à son tour dans les limites du pays *Blanc et Rose*, de manière à faire face à tous les projets présumables de l'ennemi. Le grand état-major, *obligatoirement* sur la capitale et place-forte de second rang 38. Le reste *facultativement* : Les cinq corps d'armée primitifs, de quatre divisions chacun, sur 14, 32, 34, 46, 50. — Les cinq petits états-majors sur 6, le chef-lieu 18, 20, le chef-lieu 44 et 68.

La partie A, s'étant placée la première, commence aussi de droit la série des mouvements. Le grand état-major, partant de sa capitale 49, sur 61. *Remarquons, à ce propos, que les lignes de tout ordre sont également accessibles aux états-majors, comme à une simple division.* Le corps d'armée 27 reste en place. —Une division sortie de la place-forte 53, et deux divisions sorties de la place-forte 65, se réunissent aux quatre divisions 55, ce qui en fait sept sur ce point; les deux garnisons laissées ainsi dans les deux places-fortes de rang différent 53 et 65, conservent chacune, comme force de résistance, la valeur de quatre divisions. — Deux divisions détachées du corps 67, sur la place-forte de premier rang 69, où, comme résistance, elles en valent six. (*C'est-à-dire qu'il faudrait arriver sur les points 59 ou 50 avec au moins sept divisions réunies, pour les en expulser. Remarquez, à ce propos, que les quatre autres points qui environnent cette place-forte, n'étant accessibles au plus qu'à quatre divisions réunies, une seule division qui, comme garnison, en vaudrait cinq dans cette place-forte, y serait absolument inexpugnable par ces quatre autres directions*). Les deux autres divisions de 67 sur la place-forte de second rang 65 où, avec les deux qu'elles y trouvent, elles en vaudront six. — Les petits états-majors : 9 sur 7. — 77 sur 86, *sans tenir aucun compte de la frontière conventionnelle qui sépare ces deux points.* Les trois autres ne bougent pas, en attendant que leurs divisions leur aient frayé l'accès du pays B.

(1) Ces places-fortes de troisième rang ne figurent que sur certaines cartes; elles ajoutent la valeur d'une seule division à leurs garnisons. C'est par inadvertance, du reste, qu'elles se sont trouvées omises dans la première édition des règles.

La partie B. Le grand état-major, partant de sa capitale 38, sur 28. Les quatre divisions 14 sur la place-forte de premier rang 22, *où elles en valent huit comme garnison, mais seulement quatre pour attaquer les six points environnants.* Les deux corps 32 et 46 sur 34, où se trouvent ainsi réunies douze divisions. Le corps 50 tout entier sur le chef-lieu ennemi 67, *sans autres conséquences.* Les petits états-majors : 68 sur la place de troisième rang 66, *où il est immédiatement attaquable comme sur tout autre point, mais à l'abri des vicissitudes auxquelles peut être sujette la province Rose.* — Les quatre autres ne bougent pas.

La partie A. Le grand état-major 61 sur 71. — Le petit état-major 57 sur 59. — De 55, quatre divisions sur 65, *la ligne de second ordre qui sépare ces deux points n'en admettant pas davantage.* Ainsi, sur 65, se trouvent réunies huit divisions qui, comme garnison, en valent dix. — Les trois restantes, menacées, de 55 sur 57. — Les trois divisions 53 évacuent cette place-forte en se retirant sur 43. — Les quatre divisions 27 sur 25. Les petits états-majors : 86 sur 84. — Les trois autres ne bougent pas.

La partie B. Le grand état-major 28 sur 30. — Les quatre divisions 22, où elles en valent huit, sur 53 où elles n'en vaudront plus que cinq. — Les douze divisions 34, ou même onze d'entre elles, *pourraient enlever la place-forte de second rang 65 avec toute sa garnison, qui ne vaut que dix divisions ;* mais supposons que toutes les douze préfèrent se porter en masse sur 55. — Les quatre divisions 67 sur 50. — Les petits états-majors : 6 en prise, recule sur 10. — 20 sur la place-forte 22, *comme sur tout autre point, les états-majors n'acquérant aucune valeur exceptionnelle dans les forteresses.* — 66 sur 68. — Les autres ne bougent pas.

La partie A. Le grand état-major 71 reste en place. Une division de 65 sur 46. — Les trois divisions 57, en prise, sur la place-forte 65, où se trouve ainsi réunie la valeur de douze divisions. — De 25, une seule division sur 14, et une autre sur 12, *les lignes de troisième ordre n'en laissant pas passer davantage ;* puis les deux divisions restantes sur 6. — Les trois divisions 43, en prise, reculent sur 29. — De la place-forte 69 une division sur 73, *où elle se trouve abritée des quatre divisions ad-*

verses, *par la ligne de troisième ordre qui l'en sépare.* Les petits états-majors : 13 sur le chef-lieu 27, *sans autres conséquences, ce chef-lieu appartenant à la partie A.* — 45, en prise dans sa place-forte, comme sur tout autre point, recule sur 47. — 84 sur 82. — Les autres ne bougent pas.

La partie B. Le grand état-major 30 sur 32. — Les douze divisions 55 sur 57. — Les quatre divisions 53 sur 55, *où elles se trouvent abritées des dix divisions adverses, par la ligne de second ordre qui les en sépare.* Les quatre divisions 50 sur le chef-lieu 67, *sans autres conséquences.* Les petits états-majors : 44 en prise, recule sur 60. — 22 en prise dans sa place-forte, s'échappe sur 53. — 18 en prise, sur 28. — 10 en prise, sur 16. — 68 en prise, sur 66.

La partie A. La division 73 sur la place-forte 69 où, avec celle qui s'y trouve, elle en représente six. Le grand état-major 71 sur 73. — De la place-forte 65, cinq divisions font une sortie sur le chef-lieu 67 et y enlèvent les quatre divisions adverses en occupant leur place, *abritées contre les douze divisions adverses de 57 par la ligne de second ordre qui les en sépare.* La division 46 sur le chef-lieu 44, *sans autres conséquences.* — De 6, une seule division sur 10, la ligne de troisième ordre qui y aboutit n'en laissant pas passer davantage. — La division 12 sur le chef-lieu 18. — La division 14 sur 22, où elle en vaut cinq. — Les trois divisions 29 sur 41. — Les petits états-majors : 82 sur 64. — 59 en prise, sur 61. — 47 en prise, sur sa capitale 49, *sans conséquences.* — 27 sur 14. — 7 reste en place.

La partie B. Le grand état-major 32 se trouve coupé de son armée et enveloppé par les deux divisions adverses 22 et 44. *Il reste en prise de toutes parts, quelque mouvement qu'il fasse, ne pouvant pas même se réfugier dans la forteresse vide 53, puisqu'une place-forte n'abrite pas les états-majors contre l'attaque immédiate des divisions adverses.* LA PARTIE *A* AURAIT DONC GAGNÉ.

Mais pour épuiser les combinaisons du jeu, supposons que le grand état-major B se soit trouvé à ce moment sur 29, menacé seulement par les trois divisions adverses 41. Alors, toutes les autres pièces, de part et d'autre, restant à leurs places, la partie B continue.

Le grand état-major 29 sur 31, — Les douze divisions 57 sur

59.— Les quatre divisions 55 sur 43.—Les petits états-majors :
66 sur 68. — 53 sur 32 en passant la frontière pour aller se
faire enlever ailleurs, et *afin de ne pas être pris dans la province traversée par son grand état-major, ce qui, dans le cas
où ce dernier n'aurait pas gagné quelque place-forte, occasion-
nerait encore la perte de la partie B.* — 60 en prise, sur 58.—
28 en prise, sur sa propre capitale 38, *ce qui est sans conséquences.* 16 en prise, se retire derrière les montagnes, sur 8.

La partie A. Le grand état-major 73 sur 50. — Les cinq
divisions 65 sur 67 et les deux divisions 69 également sur 67,
ce qui réunit sur ce chef-lieu douze divisions. — Les trois divisions 41, sur 53 où elles en valent quatre. — La division 44
sur 34. —La division 22 prend le petit-état-major adverse 32
en se mettant à sa place, et du même coup enlève toutes les
pièces de la partie B, qui pourraient se trouver dans la province
*Rose, n'en exceptant que celles qui se seraient réfugiées dans les
places-fortes de cette province.* Dans ce cas-ci, tout le butin de
la partie A se réduit à l'enlèvement de l'autre petit état-major
68. La division 6 sur 4.— Les petits états-majors : 7 sur 6. —
14 sur 20.— 64 sur 62, en avertissant la partie B que le chef-
lieu de sa province *Blanche* et, par conséquent, toute cette province, sont en prise pour le tour suivant.—49 en prise, sur 35.
—61 en prise, sur 71.

La partie B : *pour sauver tout ce qu'il est possible dans sa
province Blanche, dont le chef-lieu est menacé par le petit état-
major adverse* 62, retire son petit état-major 58 sur 56, *point
compris dans une autre circonscription.*— Le grand état-major
31 sur 33. — De 59, quatre divisions sur la place-forte 69, et
huit sur 47. — Les quatre divisions 43 sur 55. -- Le petit état-
major 8, ne pouvant échapper, reste en place. Les deux autres
ne bougent pas non plus.

La partie A. Le grand état-major 50 en prise, sur 48.
S'abstenant de reprendre leur place-forte 69, pour courir au
secours de leur capitale, de 67, trois divisions sur 57, et les
neuf autres sur 59. —La division 4 prend le petit état-major
adverse 8, en se mettant à sa place, mais ne trouve rien de
plus à enlever dans la province *Blanche* de B; *c'est donc une
faute de précipitation.* — La division 10 sur 16. — La division
18 sur 28.— Les trois divisions 53 sur 43. — Les divisions 32

et 34 se réunissent sur le chef-lieu 44. — Les petits-états-majors :
35 en prise, sur 19. — 71 en prise sur 75. — 6 sur 10. — 20
pourrait occuper le chef-lieu de la province *Blanche*, et 62 celui
de la province *Rose*; mais ils s'en abstiennent, *n'ayant en ce
moment rien à y prendre ni à recouvrer. Se rappeler en outre,
à ce propos, que toute province adverse ne se conquiert qu'une
seule fois dans le courant du jeu.*

La partie B. Le grand état-major reste sur 33, *faute inten-
tionnelle pour prolonger l'étude de la partie.* — Partant de 47,
quatre divisions enlèvent les trois divisions adverses de 57, en se
mettant à leur place. — Les quatre divisions 55 enlèvent les trois
adverses de 43 en se mettant à leur place. — Les quatre
restantes de 47 sur 35. — Les quatre divisions de 69
sur 61, *où elles sont mises à l'abri des neuf divisions adverses
de 59, par la ligne de troisième ordre qui les en sépare.* — Les
petits états-majors : 38 en prise dans sa forteresse, sur 54;
*car les places-fortes ne protégent pas les états-majors contre
l'attaque immédiate des divisions adverses.* — 56 reste en place.

La partie A. Le grand état-major 48 sur 46. — En partant
de 59, cinq divisions enlèvent les quatre divisions adverses de
57, en se mettant à leur place; les quatre restantes, de 59
sur 47. — Les deux divisions 44 sur 34. — Alors le petit état-
major 62 prend le chef-lieu 44 et va du même coup à une
étape plus loin, par exemple : sur 42, pour faire place à toutes
ses divisions recouvrées qui se réunissent au nombre de six sur
44. *S'il se trouvait des petits états-majors parmi les pièces ainsi
recouvrées, ils se distribueraient à une étape autour de 44.
D'ailleurs la partie B n'ayant plus rien dans sa province Rose,
la partie A ne lui prend rien. Mais toute cette province est désor-
mais* NEUTRALISÉE ; *c'est-à-dire qu'indifféremment accessible aux
pièces des deux côtés, elle ne peut plus être ni prise une seconde fois par la partie A, ni reprise au moyen de son chef-lieu,*
ar la partie B. — Ensuite : la division 28 sur 38. — La division 16 sur 26. — La division 8 sur 16. — Les petits états-
majors : 19 en prise, sur 17. — 75 sur 77. — 10 et 20 ne bougent
pas, *s'abstenant de prendre le chef-lieu 18, pour ne pas en
neutraliser la province prématurément et n'y ayant d'ailleurs,
en ce moment, rien à recouvrer.*

La partie B. Le grand état-major 33 en prise, sur 19. —

Les quatre divisions 43 sur 31. — Les quatre divisions 35 restent en place. — Les petits états-majors en prise, 54 sur 72. — 56 sur 74.

La partie A. *Afin de rendre l'interversion possible entre 44 et 46, à travers la ligne de second ordre qui sépare ces deux points, de 44 deux divisions sur 60.* — Alors les quatre divisions restantes sur le chef-lieu 44 changent de place avec le grand état-major 46 ; *mais sans autres conséquences, puisque d'abord ce chef-lieu vient d'être neutralisé au tour précédent, et qu'ensuite les grands états-majors, uniquement destinés à enlever la capitale du pays adverse, ne font que traverser les chefs-lieux de provinces sans en prendre possession. Ce dernier rôle est spécialement réservé aux petits états-majors.* Les deux divisions 34 sur la place-forte 65. — Les quatre divisions 47 sur la place-forte 45. — De 57, trois divisions sur le chef-lieu 67, et deux sur 55. — Les petits états-majors : 77 sur 68. — 17 ne pouvant échapper, ne bouge pas ; mais c'est une faute d'imprévoyance, *car bien qu'en se retirant sur 15, dans la province Bleue, il reste lui-même en prise, ce mouvement sauverait, au tour suivant, les autres pièces de la partie A, qui, occupant la province Blanche et n'ayant pu se réfugier dans les places-fortes, se trouveront ainsi compromises dans la perte de ce petit état-major.* — 42 sur 40. — 20 et 10 ne bougent pas.

La partie B. Les quatre divisions 35 sur la capitale 49, où vient les rejoindre de 61 une cinquième, *sans autres conséquences.* — Le grand état major 19 sur 35. — De 31, une division va prendre le petit état-major 17, en se mettant à sa place, *et du même coup la partie B enlève les deux divisions adverses 55 et les trois 67, qui se trouvent surprises en rase campagne dans les limites de la province, dans laquelle leur petit état-major s'est laissé prendre ; mais les pièces quelconques de la partie A, réfugiées à ce moment dans les places fortes 45 et 65, restent intactes.* Tout autre mouvement devient superflu.

La partie A. Le grand état-major 44 sur 42. — Les quatre divisions 45 enlèvent les trois divisions adverses de 31 en se mettant à leur place. — Les deux divisions 65 sur 57. — Les quatre divisions 46 sur la place-forte 65. — La division 38 sur 56, menaçant les deux petits états-majors adverses 72 et 74. — Alors le petit état-major 40 prend la capitale place-forte 38, considérée dans ce cas comme simple *chef-lieu* de la province circulaire qui l'entoure, puis il saute à 54 ou sur tout autre point de cette circonscription, pour faire place aux cinq divisions recouvrées qui se réunissent obligatoirement en une seule colonne sur 38 ; le petit état-major recouvré se place sur 36, *ou sur tout autre point vide, à une étape autour de 38. Remarquez à ce propos : 1° que les cinq divisions recouvrées et placées sur 38 en valent sept, puisque cette capitale et chef-lieu est en même temps une place-forte de second ordre ; 2° que la prise de cette capitale ne termine pas encore la partie en faveur de A, l'occupation s'en étant faite par un petit-état-major, et non pas par le grand état-major de la partie A, qui seul aurait prise décisive sur ce point.*

La partie B. De la capitale 49, une division sur 59. — Alors les quatre divisions restantes pouvant changer de place avec le grand état-major 35, par la ligne de second ordre qui les sépare, LA PARTIE *B* A GAGNÉ, *quelle que soit à ce moment la disposition réciproque des pièces sur tous les autres points de la carte, et malgré la perte totale de onze divisions et de trois petits états-majors que la partie B a subie, tandis que la partie A a recouvré toutes ses pièces.*

APPLICATIONS DE CE JEU

AUX

ÉTUDES HISTORIQUES

ET GÉOGRAPHIQUES.

Tout élève qui aura compris les règles et expérimenté l'exemple pratique qui précèdent remarquera aussitôt que, comme mnémotechnie, ces exercices sont d'une application aussi variée que les sujets historiques et géographiques auxquels il lui conviendra de les appliquer. Imaginée dans le principe pour les élèves des Écoles spéciales, et plus particulièrement pour les candidats aux Écoles militaires, cette méthode, qui n'en exclut aucune autre et les complète toutes, peut, avec non moins de succès, concourir à l'enseignement historique et géographique des Lycées. Si nous avons pris la *Guerre* pour thème et prétexte de nos exercices, c'est d'abord parce que la guerre est et restera, quoi que l'on fasse, le plus généreux appât et la préoccupation instinctive des jeunes intelligences; ensuite, parce que, à notre avis, l'Historio-Géographie militaire comporte, explique et résume le mieux tous les autres emplois de cette double science.

Mais la guerre, même sous son aspect le plus général et le plus élémentaire, n'étant pas directement accessible à l'entendement de tous les jeunes gens, nous l'avons descendue à cette portée à l'aide d'un simple jeu de combinaisons que tout enfant peut apprendre en quelques moments de loisir, sans se préoccuper d'abord d'aucune de ses applications. Cependant, que ce soit un élève qui ne peut pas encore, ou un homme du monde qui ne peut plus se livrer à des études d'application, lorsque sans songer à la gravité du sujet et uniquement *pour gagner une partie* il aura en quelque sorte pantographié rapidement les campagnes les plus intéressantes, traversé et mesuré à plusieurs reprises les montagnes, les cours d'eau, les démarcations naturelles et politiques de deux États belligérants dont jusque-là il n'avait que vaguement soupçonné les contours ; lorsqu'il aura estimé en gain ou perte répétés, la valeur statistique et physique de chaque point d'une carte explorée ainsi dans tous les sens, sans la moindre fatigue de recherche ou de mémoire, il aura acquis, à son insu, en sus de l'innocente distraction qu'il se proposait, une foule de connaissances historio-géographiques qu'il n'aurait eu ni l'idée ni le courage d'aller chercher dans les traités et les atlas.

La cartographie que nous avons imaginée pour établir nos divers échiquiers d'exercices exige quelques éclaircissements.

Nous avons adopté deux modes différents de tracé, selon l'étendue figurée, l'échelle et la destination de chaque tableau. Le premier mode consiste à superposer géométriquement un réseau statistique, stratégique et politique à une carte de géographie naturelle que nous laissons intacte, ayant soin seulement de faire correspondre *à peu près* les sommets de notre triangulation équilatérale aux principaux points militaires de la carte physique. Dans ce système de *double tracé* les lignes et les points du réseau géométrique ne figurent ni la position des localités elles-mêmes, ni les routes qui relient ces localités, mais bien les avenues ou rayons stratégiques des unes et les directions-résultantes des autres. La réalité des applications, loin d'en souffrir, comme on pourrait le craindre, y gagne au contraire ; puisqu'en effet, dans la nature des choses, une armée ne campe et ne livre jamais bataille dans une localité habitée, mais à quelque distance. De même, elle ne se meut point en masse par une seule route, mais en plusieurs colonnes et par plusieurs voies plus ou moins parallèles, dont notre ligne droite exprime très suffisamment l'axe sommaire. Ce système de *double tracé*, dans lequel le réseau conventionnel reste indépendant de la carte naturelle, tout en y correspondant, convient aux cartes de vastes pays sous petit format, ayant une destination générale, mais élémentaire. Cette séparation graphique permet de conserver, à la fois, au tracé naturel toute sa capricieuse exactitude, et au réseau conventionnel sa symétrie géométrique, l'un contrôlant l'autre et sans se nuire mutuellement dans l'attention des joueurs.

Un autre mode de tracé consiste à fondre par approximation le seau conventionnel des étapes et des directions avec les sinuosités naturelles de la carte à laquelle il correspond. Il est de beaucoup référable au premier pour les grandes cartes spéciales qui doivent figurer une étendue restreinte sur une grande échelle. Il force à la vérité, et altère plus ou moins le plan naturel, dans le rapport de ses courbes au polygone régulier que le réseau rectiligne leur inscrit ou circonscrit; mais cela d'une quantité d'autant plus imperceptible que l'échelle est plus grande, les étapes conventionnelles plus rapprochées, et que le tracé de la carte naturelle est plus épais. Or, cette épaisseur du trait, sous laquelle la discordance des deux tracés disparaît complétement à une certaine échelle et qui serait un défaut insupportable dans les cartes de cabinet, est précisément une nécessité méritoire pour nos tableaux d'exercice. Plus le trait y est simple, géométrique, voyant et pour ainsi dire palpable, comme sur les cartes murales, mieux il répond à la vigoureuse mnémotechnie historio-géographique, dont le mécanisme de notre jeu n'est que le prétexte et l'instrument. D'ailleurs, les déviations que ce système de fusion peut amener ne se rapportent qu'à des courbes et à des points généraux dont la situation exacte n'intéresse que la Géodésie et la Topographie. Nos échiquiers d'exercice n'ont pas plus à se préoccuper d'une pareille exactitude que ne s'en inquiètent ces grossiers et cependant excellents atlas d'études que nous fournit l'enseignement ordinaire, et que nos élèves comprennent et apprennent d'autant mieux, qu'ils peuvent plus facilement les copier à la craie sur le tableau noir.

Ceci une fois entendu, les professeurs, les élèves, les gens du monde et les officiers auront à choisir, avec connaissance de cause, entre les cartes tracées d'après le premier ou le second système.

Ainsi, les élèves des Lycées et les simples amateurs qui n'ont pas à s'occuper d'art militaire, trouveront probablement les cartes sur petite échelle et à double tracé préférables. Ne se servant des règles stratégiques du jeu que comme d'un procédé mnémotechnique, ils pourront traduire sur les tableaux à double tracé les campagnes déjà vulgarisées par l'histoire, à peu près et dans leur aspect général seulement, s'intéressant bien plus aux démarcations politiques, à la configuration physique et aux éléments statistiques des pays explorés par ces guerres, qu'aux secrets de ces guerres elles-mêmes. Soit en reproduisant sur les deux cartes de la France, intitulées IIe *et* IIIe *tableaux*, les principaux gestes des campagnes de Louis XIV, de la République et de l'Empire, soit en y simulant des guerres imaginaires, ils auront soin d'éviter toute imitation puérile et minutieuse de la véritable Stratégie, science spéciale, dont ni l'échelle ni le tracé de ces deux échiquiers de géographie élémentaire ne sauraient expliquer les détails. En revanche, ils pourront remarquer et retenir avec un intérêt croissant, à chaque exercice nouveau, la géographie elle-même de ces échiquiers, ainsi que leurs rapports avec l'histoire politique et économique des pays qu'ils figurent.

Lorsqu'en jouant à des guerres imaginaires ou à des guerres traditionnelles les parties belligérantes croiront avoir épuisé toutes les combinaisons que comportent les hypothèses posées sur ces deux tableaux, il leur sera facile de s'ouvrir des champs nouveaux d'exercice sur la même carte, en modifiant elles-mêmes la démarcation de leurs États, en déplaçant leurs capitales et les chefs-lieux de leurs théâtres militaires, en désarmant telles places fortes et en armant telles autres, au moyen de simples signes conventionnels.

Ces légers remaniements de coloriage exécutés avec discernement par les élèves eux-mêmes, d'après les termes des traités qui depuis la paix de Westphalie ont successivement transformé les contours internationaux de la France, leur fourniront une série d'échiquiers historiques du plus haut intérêt et que la reproduction immédiate des campagnes correspondantes fixera dans leur mémoire d'une façon aussi attrayante qu'indélébile. D'une part, nos tableaux ayant beaucoup d'analogie avec les *cartes muettes* que l'on emploie partout dans l'enseignement pour exercer la divination mnémonique des élèves, et de l'autre la solidité obligée de leur reliure bravant toute espèce d'additions, de lavis et de grattage, l'on pourra très bien s'en servir comme de ces cartes muettes elles-mêmes. On pourra facilement supprimer sur ces tableaux ce que l'on y trouverait de superflu sans endommager le réseau fondamental, ou bien au contraire, ajouter aux inscriptions existantes celles que suggéreront aux joueurs soit les traditions historiques, soit la supposition facultative auxquelles il plaira à leur intention de les approprier. Il sera du reste réservé des cartes non coloriées pour les personnes qui désireraient elles-mêmes établir dès le principe leurs hypothèses d'exercices.

Le meilleur et le plus simple procédé mnémotechnique à employer pour graver les détails de la carte dans la mémoire des élèves consiste à leur demander, en jouant avec eux, une explication verbale de leurs itinéraires. A chaque déplacement de leurs pièces, on leur demande : « Pourquoi avez-vous ainsi distribué vos forces et ainsi vos états-majors ? Quel fleuve allez-vous traverser ? Quel obstacle vous empêche de m'attaquer par là ? De quel point partez-vous et où voulez-vous aboutir ? Combien d'étapes avez-vous à franchir pour me prévenir sur cette capitale ? Quelle est la frontière qui nous sépare ? Pourquoi ne vous réfugiez-vous pas dans telle place-forte ? Pour quelle raison n'enlevez-vous pas encore tel chef-lieu ou telle pièce que je vous ai laissée en prise ? etc. » Pour ne pas interrompre la marche du jeu par des interrogations trop fréquentes, il suffit que l'élève explique à haute voix les itinéraires de ses états-majors. Des expériences répétées soit avec des enfants dépourvus d'attention et de mémoire, soit avec des personnes qui auparavant ne s'étaient jamais occupées de Géographie, nous ont prouvé qu'il n'est point de sorte d'intelligence que l'impatience et l'amour-propre du gain ne rompent à ces exercices, au point de les familiariser en peu de temps avec les dédales les plus obscurs et les plus compliqués de toute carte géographique.

Les cartes sur grande échelle, figurant des théâtres spéciaux de guerre avec tous leurs détails hydrographiques, orographiques et statistiques, sont plus particulièrement recommandées aux Écoles et aux Cercles militaires. L'usage n'en est pas moins accessible à tout le monde, ni plus compliqué, puisque le mécanisme du jeu est le même pour tous les genres d'échiquiers ; seulement elles reproduisent avec beaucoup plus de précision et de variété l'image sérieuse de la guerre et peuvent satisfaire à toutes les règles scientifiques de la stratégie. Destinées à des joueurs déjà familiarisés avec la géographie militaire, elles contiendront proportionnellement moins de données préétablies, afin de laisser plus de latitude aux hypothèses, aux compléments et aux modifications à convenir entre les parties belligérantes.

Ces grandes cartes admettent aussi bien une guerre de coalition de plusieurs joueurs contre un seul, avec autant d'États et d'armées sur le tableau qu'il y a de belligérants, qu'une lutte ordinaire entre deux armées égales. Dans ces sortes d'amplifications

le nombre des coalisés et par conséquent de leurs armées, agissan
contre un seul joueur, pourra se contre-balancer conventionnelle
ment par les avantages géographiques du pays ainsi enveloppé e
par certaines dérogations de règles en sa faveur. Par exemple, u
habile stratégiste bien familiarisé avec l'échiquier et auquel se
adversaires concéderaient à la fois le choix de son théâtre de dé
fense, l'avantage de se placer après eux et la faculté de commence
le jeu, ne devra pas craindre d'engager la partie contre des forc
doubles de la sienne. Si en outre on lui laisse les deux mode
réglementaires de victoire (prise des capitales ou prise des grand
états-majors adverses), tandis que les coalisés s'astreindraient
un seul de ces modes, il aura encore bien des chances de battr
même trois armées, égales chacune à la sienne.

Une fois les joueurs rompus aux règles mécaniques du jeu, c
qui est l'affaire de deux ou trois exercices préalables et sans qu
l'étude des particularités de l'échiquier leur soit aucunement né
cessaire, la partie ne doit pas en moyenne durer plus longtemp
qu'une partie d'*échecs*. Comme cependant, ou l'égale inexpérienc
des deux joueurs, ou l'extrême habileté du moins favorisé géogra
phiquement pourrait en retarder exceptionnellement la solution, l
tableau et les pièces du jeu sont construits de manière à donne
aux parties toute faculté de suspendre et de reprendre leur lutt
à volonté. En outre, des numéros attachés à chaque étape, soit er
principe, soit par les joueurs eux-mêmes, permettront à ceux-c
de noter leurs positions respectives à chaque suspension d'hosti
lités. Ces armistices seront d'ailleurs pour les joueurs sérieux une
occasion perpétuelle de décrire sténographiquement le terrain
occupé par chaque armée belligérante, dans toutes les supposi-
tions historiques, politiques, diplomatiques et stratégiques possibles.

15

Pour fournir une variété suffisante d'échiquiers aux imagiations les plus fécondes, nous livrerons à leur choix les cartes uivantes :

En vente :

1° La France et les pays limitrophes, dans l'hypothèse abstraite d'une guerre conduite à travers la ligne de partage des eaux de l'Europe occidentale. 2° Le même théâtre, mais dans l'hypothèse politique d'une guerre de coalition, contre la France qui entreprendrait l'affranchissement de l'Italie. 3° Une carte de la Hongrie et des pays environnants.

En train d'exécution :

4° L'Europe nord-est, de la mer Baltique à la mer Noire, et de l'Elbe au plateau de Valdaï. 5° Les troisième et quatrième bassins du Danube, comprenant la Basse-Autriche, la Hongrie, la Moldo-Valachie et la Turquie d'Europe jusqu'aux Balcans. 6° Une carte spéciale, sur grande échelle, des frontières sud-est de la France, comprenant le bassin du Rhône, la Suisse et le bassin du Pô. 7° Sur la même échelle, les frontières nord-est de la France avec les pays limitrophes. 8° L'Europe centrale, du Rhin à l'Oder et de la mer du Nord aux Alpes.

Paris. — Imprimerie de L. MARTINET, rue Mignon, 2

ENSEIGNEMENT GRATUIT DU JEU

et Explication des procédés cartographiques

Paris. — Imprimerie de L. Martinet